书法自学与鉴赏丛帖

嵩高灵庙碑

卢国联 编

上海人民美術出版社

书法自学与鉴赏答疑

学习书法有没有年龄限制?

学习书法是没有年龄限制的，通常 5 岁起就可以开始学习书法。

学习书法常用哪些工具?

学习书法常用的工具有毛笔、羊毛毡、墨汁、元书纸(或宣纸)，毛笔通常用笔头长度不小于 3.5 厘米的笔，以兼毫为宜。

学习书法应该从哪种书体入手?

学习书法一般由楷书入手，因为由楷入行比较方便。当然也可以从篆隶入手，这样比较纯艺术。这里我们推荐由欧阳询、颜真卿、柳公权等楷书大家入手，学习几年后可转褚遂良、智永，然后再学行书。行书入门以王羲之、赵孟頫、米芾等最好，草书则以《十七帖》《书谱》、鲜于枢比较适宜。学篆书可先学李斯、李阳冰，然后学邓石如、吴让之，最后学吴昌硕、金文。隶书以《乙瑛碑》《礼器碑》《曹全碑》等发蒙，进一步可学《张迁碑》《西狭颂》《石门颂》等，再往下可参考简帛书。总之，学书法要循序渐进，不可朝三暮四，要选定一本下个几年工夫才会有结果。

学习书法如何达到事半功倍的效果?

学习书法无外乎临、背二字。临的目的是为了矫正自己的不良书写习惯，确立正确的笔法和好字的标准；背是为了真正地掌握字帖。如果说学书法要事半功倍，那么一定要背，而且背得要像，从字形到神采都要精准。

这套书法自学与鉴赏丛帖有哪些特色?

随着传统文化的日趋受欢迎，喜爱书法的人也越来越多。我们按照入门和鉴赏两个角度从现存的碑帖中挑选了 65 种。入门篇以技法完备和适宜初学为重点；鉴赏篇注重作品的风格取向和审美意义，为进一步学习书法开拓视野。

手机或平板电脑是现代人生活中不可或缺的必备用品，如何利用这一高科技产品帮助我们学习书法也成了我们的思考重点。有书法学习经验的人都知道教师示范对初学者的重要意义，为此我们为每一本字帖拍摄了名家临写的视频，大家可以通过扫码用手机或平板电脑观看，让现代化的工具融入到学习当中。

我们还特意为字帖撰写了临写要点，并选录了部分前贤的评价，相信这会有助于大家快速了解字帖的特点，在临习的过程中少走弯路。

入门篇碑帖

【篆隶】

- 《乙瑛碑》
- 《礼器碑》
- 《曹全碑》
- 李阳冰《三坟记》《城隍庙碑》
- 邓石如篆书选辑
- 吴让之篆书选辑

【楷书】

- 《龙门四品》
- 《张猛龙碑》
- 《张黑女墓志》《司马景和妻墓志铭》
- 智永《真书千字文》
- 欧阳询《皇甫君碑》《化度寺碑》《虞恭公碑》
- 欧阳询《九成宫醴泉铭》
- 虞世南《孔子庙堂碑》
- 褚遂良《倪宽赞》《大字阴符经》
- 欧阳通《道因法师碑》
- 颜真卿《多宝塔碑》
- 颜真卿《颜勤礼碑》
- 柳公权《玄秘塔碑》《神策军碑》
- 赵孟頫《三门记》《妙严寺记》

【行草】

- 王羲之《兰亭序》
- 王羲之《十七帖》
- 陆柬之《文赋》
- 怀仁集王羲之书圣教序
- 孙过庭《书谱》
- 李邕《麓山寺碑》《李思训碑》
- 怀素《小草千字文》
- 苏轼《黄州寒食诗帖》《赤壁赋》
- 黄庭坚《松风阁诗帖》《寒山子庞居士诗》
- 米芾《蜀素帖》《苕溪诗帖》
- 鲜于枢行草选辑
- 赵孟頫《前后赤壁赋》《洛神赋》
- 赵孟頫《归去来辞》《秋兴诗卷》《心经》
- 文徵明行草选辑
- 王铎行书选辑

鉴赏篇碑帖

【篆隶】

- 《散氏盘》
- 《毛公鼎》
- 《石鼓文》《泰山刻石》
- 《石门颂》
- 《西狭颂》
- 《张迁碑》
- 楚简选辑
- 秦汉简帛选辑
- 吴昌硕篆书选辑

【楷书】

- 《嵩高灵庙碑》
- 《爨宝子碑》《爨龙颜碑》
- 《六朝墓志铭》
- 褚遂良《雁塔圣教序》
- 颜真卿《麻姑仙坛记》
- 赵佶《瘦金千字文》《秾芳诗帖》
- 赵孟頫《胆巴碑》

【行草】

- 章草选辑
- 唐代名家行草选辑
- 张旭《古诗四帖》
- 颜真卿《祭侄文稿》《祭伯父文稿》《争座位帖》
- 怀素《自叙帖》
- 黄庭坚《诸上座帖》
- 黄庭坚《廉颇蔺相如列传》
- 米芾《虹县诗卷》《多景楼诗帖》
- 赵佶《草书千字文》
- 祝允明《草书诗帖》
- 王宠行草选辑
- 董其昌行书选辑
- 张瑞图《前赤壁赋》
- 王铎草书选辑
- 傅山行草选辑

碑帖名称

《嵩高灵庙碑》全称《北魏中岳嵩高灵庙碑》，又名《寇君碑》。

碑帖书写年代

北魏太安二年（456）立。

碑帖所在地及收藏处

原碑现藏于河南登封嵩山中岳庙内。

碑帖尺幅

碑额有篆书阳文『中岳嵩高灵庙之碑』8字。碑阳7列，23行，每行50字；碑阴7列，上两列字较大，22行，下五列字较小，16行，各行列数不等。

历代名家品评

康有为在《广艺舟双楫》中评道：『《灵庙碑阴》如浑金璞玉，宝采难名。』他甚至说：『得其指甲，可无唐宋人矣。』

碑帖风格特征及临习要点

《嵩高灵庙碑》的结构错落有致，大小不拘，憨态奇古，有较多隶书特征。点画用笔随意，方圆兼顾。捺画用笔、形态和隶书很相似。《嵩高灵庙碑》的用笔『钝拙』而『含蓄』，线条很凝练，块面之间欹正奇趣，彼此搭配没有一点做作之感，通篇给人以『天真烂漫』的感觉。如『然』字，上部撇捺舒展，下部四点紧密，能激发起火堆上跳舞的联想，字的结构非常生动。

太极剖判两仪既
分四节代序五行
播宣是故天有五
纬主奉阳施地有

五岳主承阴化所
以统协浑元苞含
之至用光济乾坤
覆载之大德于是

造化之功建而三
材之道显然后天
人之际祭然著明
可得而述羲皇造

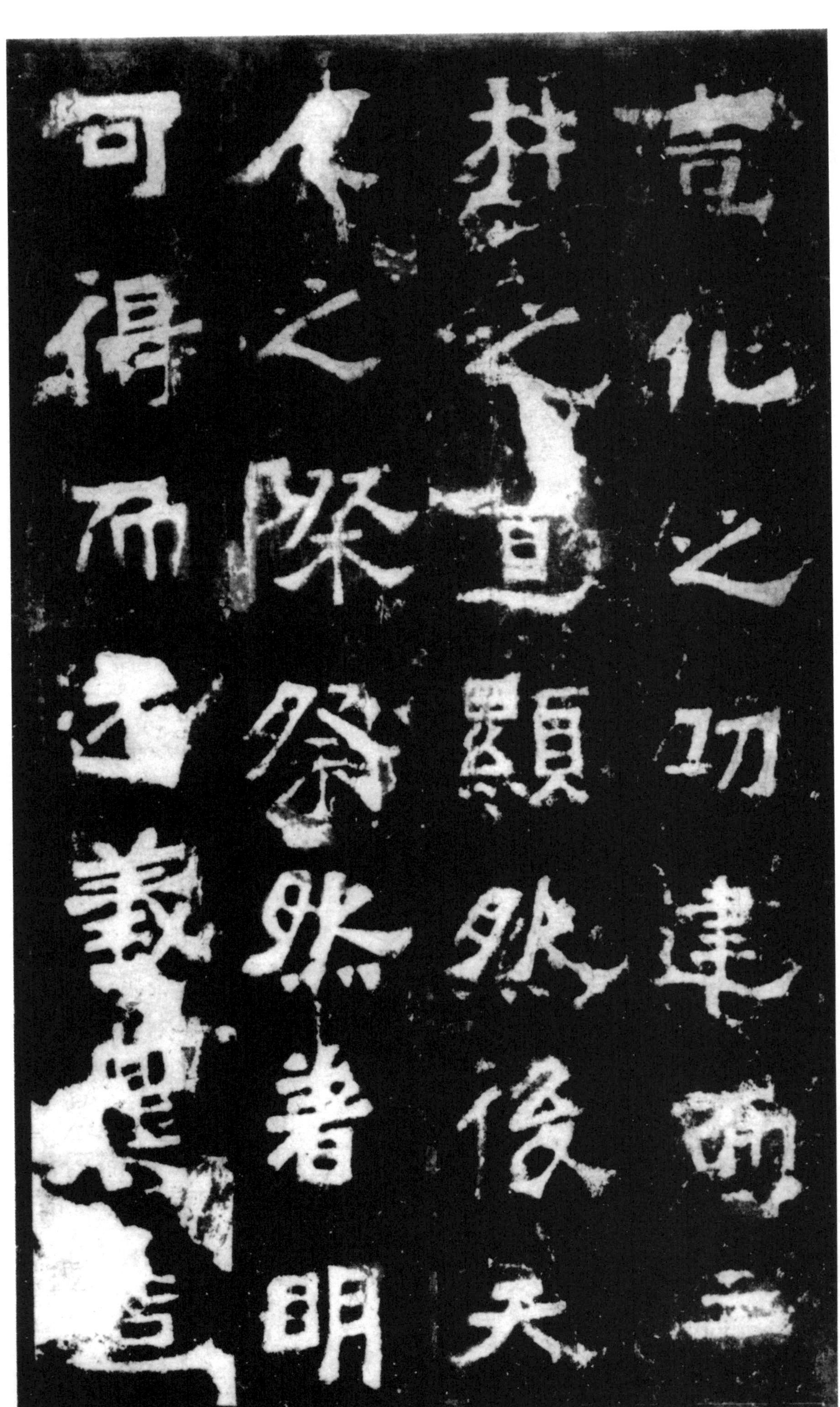

创观象立法王者
父天母地仰宗三
辰俯宗山川夫中
岳者盖地理土官

之宫府而亡灵之所游集四通五达之都会也上应悬象镇星之配而宿

直轩辕璇机玉衡
以齐七政其山也
则崇峻而神奥原
隰也则显敞而□

□南□淮汝北凭
□□□□□□□
于前夏禹锡龟书
于后乃天道所以

除伪宁真而圣哲
通灵受命之处所
是以岩薮集神□
□□□□道太古

□□□□□□□
显交通故其威仪
颙颙昂昂不严而
自肃少昊之季九

黎乱德民浊斋明
嘉生不洁于是神
□□□□□□□
五载巡狩躬祀岳

灵三代因循随时
损益有十二年巡
祀之义谓之令典
修□□□□□□

□□□□之征武

□□五灵观德之

祥报应之契若□

□之随形声故禋

祀之□□□□□
□□□□□屡丰
年其斯之谓也周
室既衰天子微弱

巡祀之礼不复行
于方岳□□□□
亡秦及汉不遵古
始莫能兴复唯妄

祀岱宗以勤虚美

下历魏晋□□□

虽□□□□□□

□□杂错耶伪纷

然謡俗之或浮屠
□魁祭非祀典神
怒民叛是以享年
不永身□□□□

□□□□□□年
间生民涂炭殆将
歼尽大代龙□□
□□□□简化醇

无为而治□□□
睿哲之姿□□□
□□□□□□□
宁□神和会有继

天师寇君名谦□
□辅真高□□志
隐处中岳卅余年
岳镇主人集仙宫

主□□寇君行□
□□□降临授以
九州真师理治人
鬼之政佐国□命

辅导真君成太平
之化俾宪章□典
诡复□□□□□
□□□□寘真遂

案循科条安立坛

治造□□□静轮

俟真神之降仪及

□家征□□□□

向克捷□□□□

□□□□□□□

□□圣□□惟古

烈虞夏之隆殷周

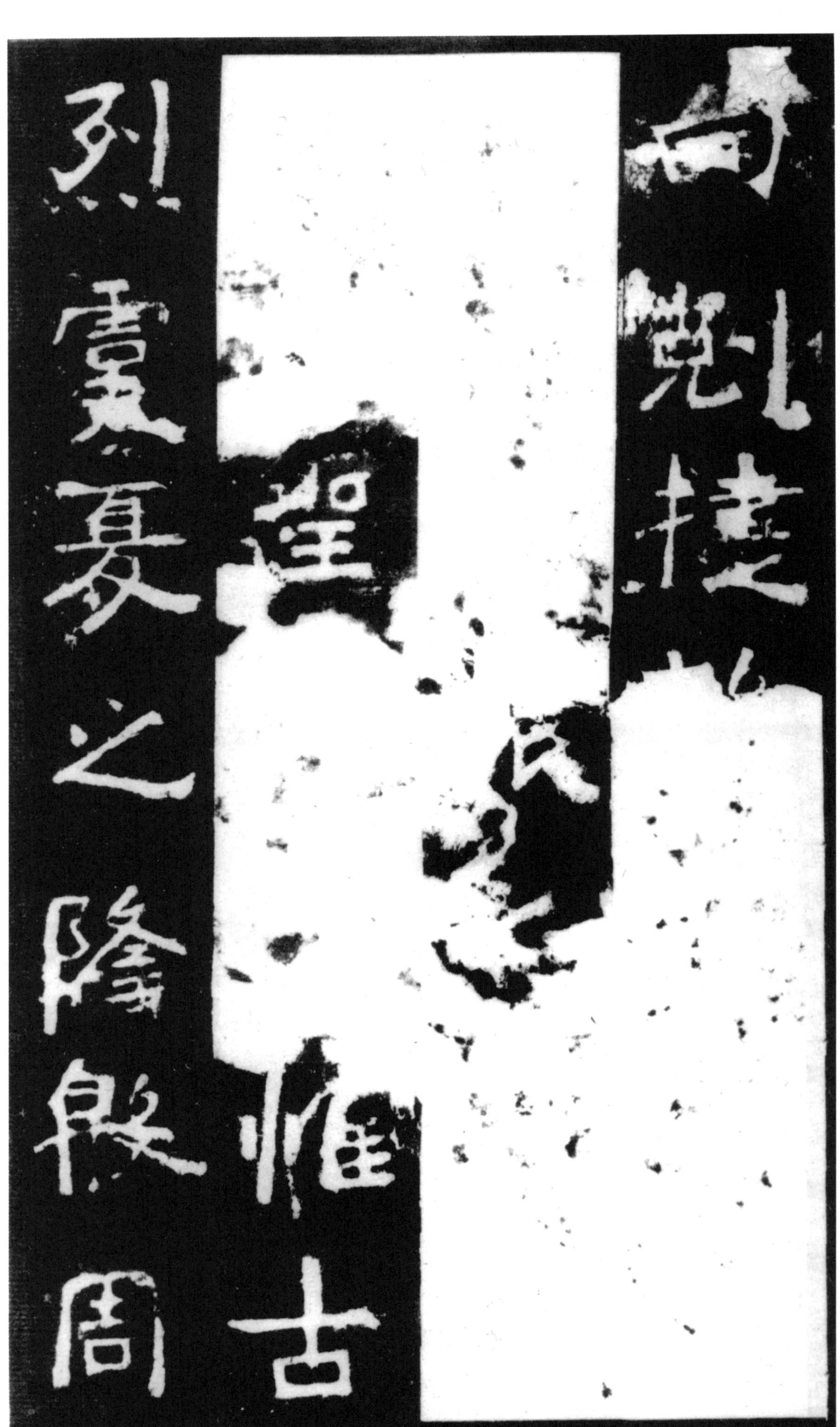

之盛□□□□近
鉴叔世秦汉之替
刘石之劣□□□
□又以天□□□

□□□士修诸岳
祠奉玉帛之礼春
祈秋报有□□□
焉以旧祠毁坏秦

遣道士杨龙子更
造新庙太延□□
□□□□绅□□
□古之士莫不欣

遭大明之世□□
□德之事慨然相
与议曰运极反真
乱穷则治是以□

□□□□□□□

□□□宜刊载金

石垂之来世乃作

铭曰

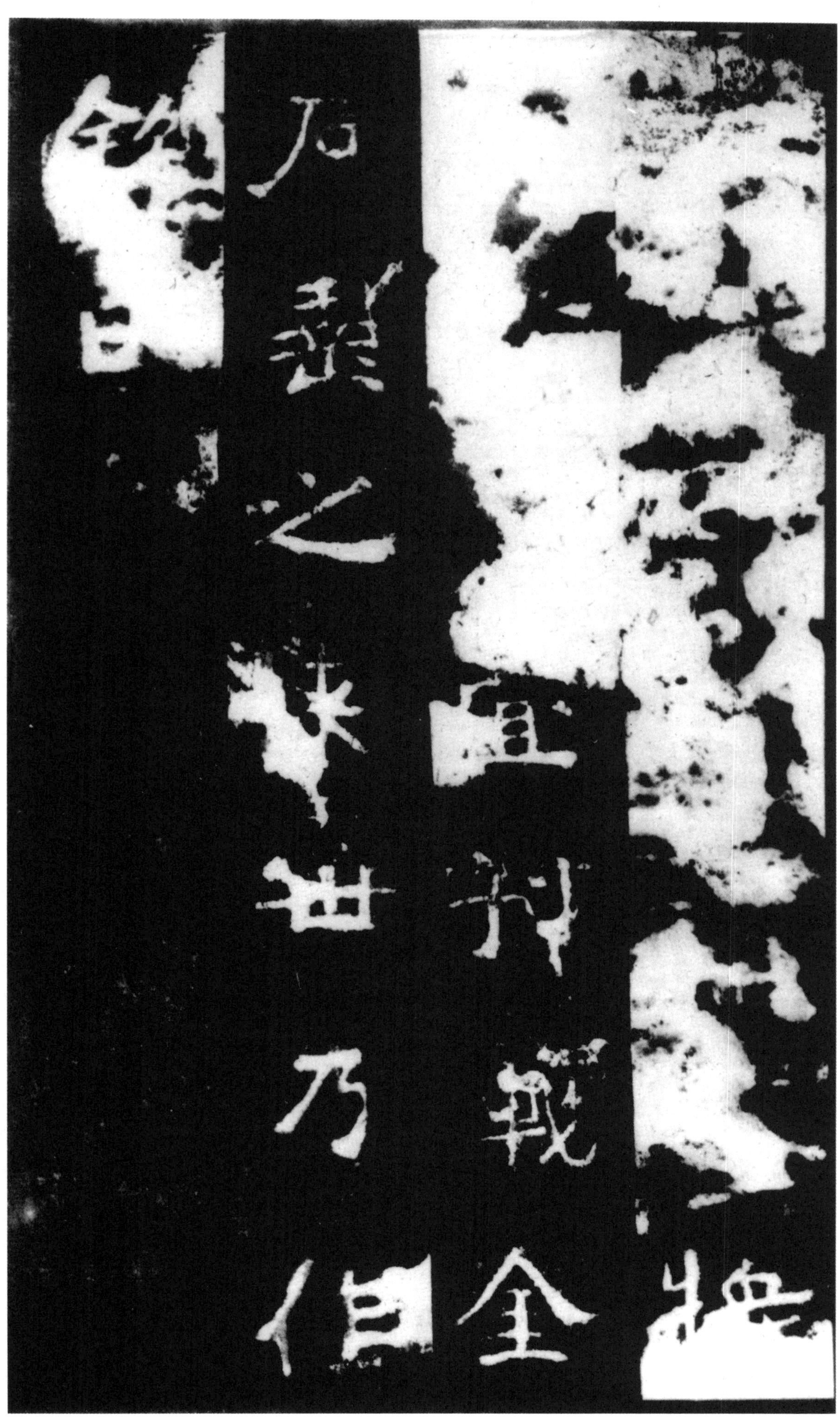

严严嵩岳作镇后土配天承化总统四旅诞命圣明万象荒主河图授羲

洛□□□□□□
建彝伦攸序降神
育贤生申及甫惟
申及甫翼治作辅

万国咸宁飨兹福
祜穆穆皇羲仰观
俯察爰制祀典民
和神悦□□□□

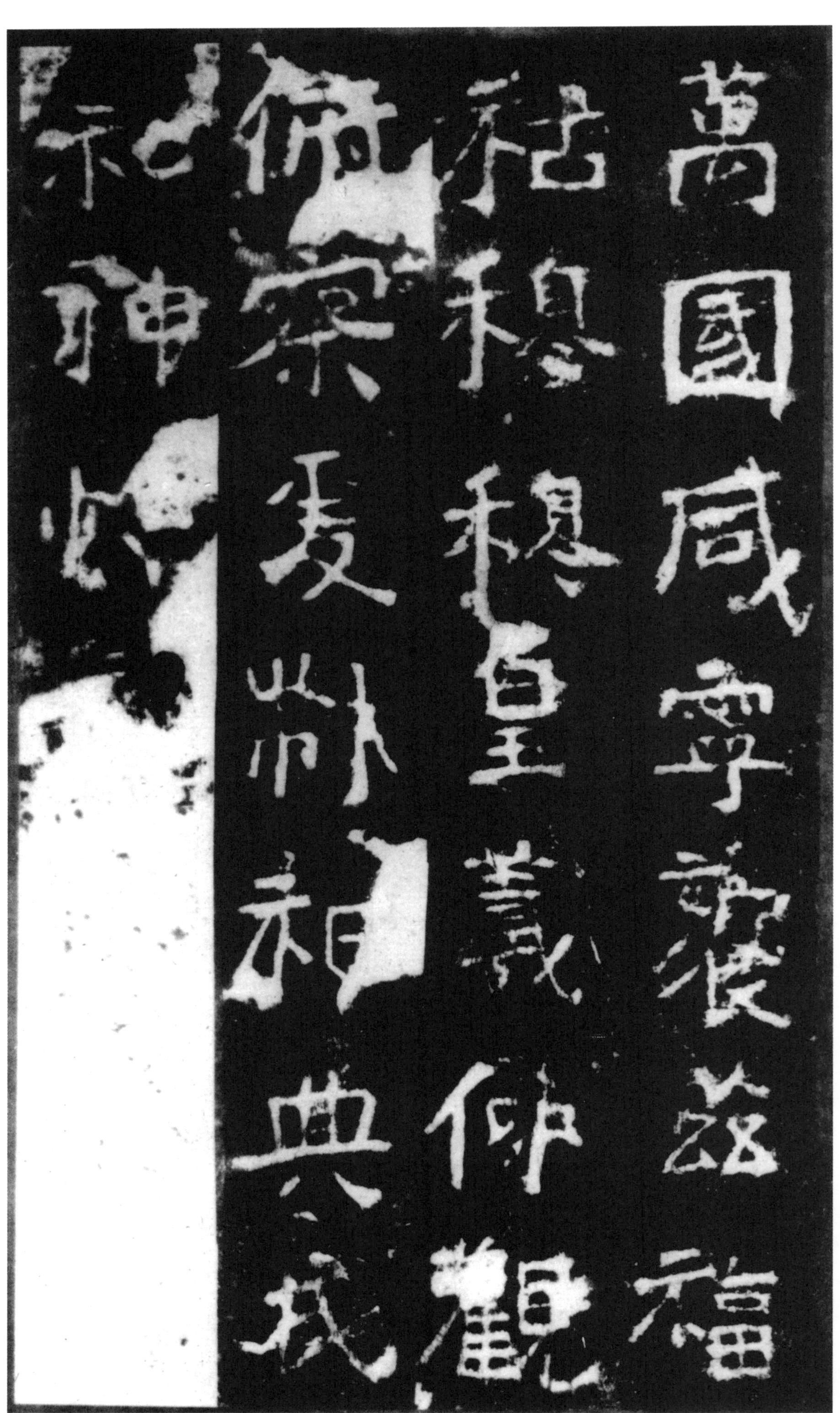

□由前烈悠悠后
王或隆或替虔修
克兴慢浊致灭煌
煌大代应期宪章

除伪宁真洪业克
昌师君弘道人神
对扬明奉天□布
□□常宗□□□

降福穰穰宜君宜

民永世安康

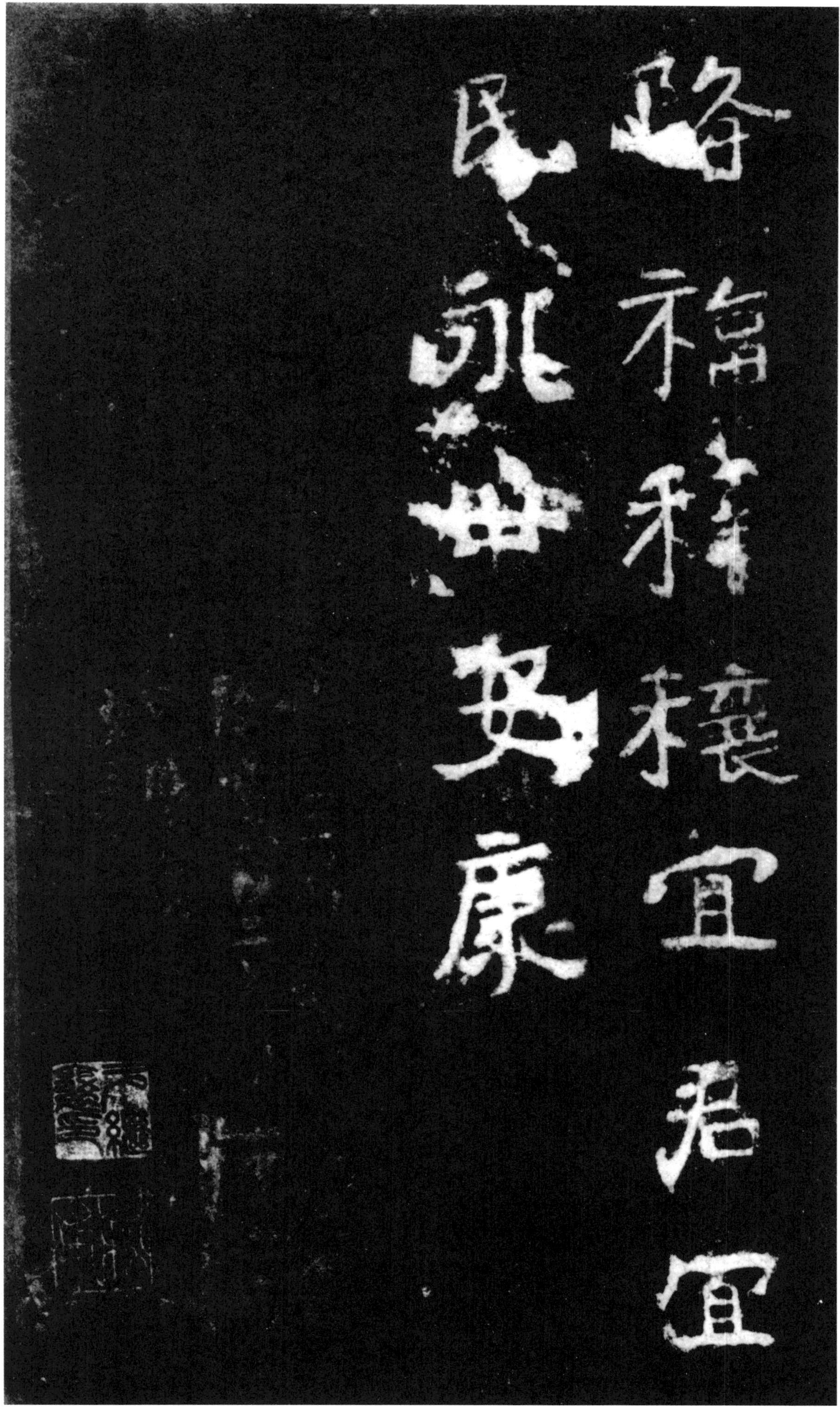

图书在版编目（CIP）数据

嵩高灵庙碑 / 卢国联编著．—上海：上海人民美术出版社，2018.6

（书法自学与鉴赏丛帖）

ISBN 978-7-5586-0717-2

Ⅰ．①嵩… Ⅱ．①卢… Ⅲ．①楷书－碑帖－中国－北魏 Ⅳ．① J292.23

中国版本图书馆 CIP 数据核字 (2018) 第 048461 号

书法自学与鉴赏丛帖

嵩高灵庙碑

编　　著：卢国联

策　　划：黄　淳

责任编辑：黄　淳

技术编辑：史　湧

装帧设计：肖祥德

版式制作：高　婕　蒋卫斌

责任校对：史莉萍

出版发行：上海人民美術出版社

（上海市长乐路 672 弄 33 号）

邮　　编：200040　　　电　　话：021-54044520

网　　址：www.shrmms.com

印　　刷：上海盛通时代印刷有限公司

地　　址：上海市金山区金水路 268 号

开　　本：787 × 1390　1/16　2.5 印张

版　　次：2018 年 6 月第 1 版

印　　次：2018 年 6 月第 1 次

书　　号：978-7-5586-0717-2

定　　价：22.00 元